드럼을 위한

리듬 트레이닝

RHYTHM TRAINING

1

아이디어 콘셉트

기초편

score

머리말

〈리듬 트레이닝〉 시리즈는 드럼을 전공하는 학생들이 기본적으로 악보를 보는 방법과 그 악보를 해석하고 분석하는 훈련을 통해서 실제 연주를 조금 더 체계적으로 할 수 있도록 돕는 데 목적이 있습니다.

〈리듬 트레이닝 1〉에서 제시하는 단계별 학습을 통해 간단한 음악의 기초이론과 연주할 수 있는 능력을 키울 수 있습니다. 또한 다양한 노트 사운드(음의 길이를 부르는 방법)를 사용하는 방법을 자세하게 배우고 수록된 음원 CD를 통하여 탄탄한 실력을 쌓아 나가며 아이디어의 개념까지 익힐 수 있습니다.

〈리듬 트레이닝 1〉이 제안하는 활용방법

1. 음표의 정의 및 기초이론을 꼼꼼히 살펴보세요.
2. 동봉된 CD나 메트로놈에 맞춰 크게 연습하세요.
3. 노트 사운드를 직접 입으로 소리내며 연습하세요.

모든 학생이 〈리듬 트레이닝〉 시리즈를 충분히 연습한다면 연주뿐만 아니라 노트 사운드를 실제로 적용하는 훈련을 통해 자신만의 리듬, 필인, 솔로까지 본인이 직접 만들고 연주를 하게 될 것입니다.

저자 **유 상 일**

차 례 | CONTENTS

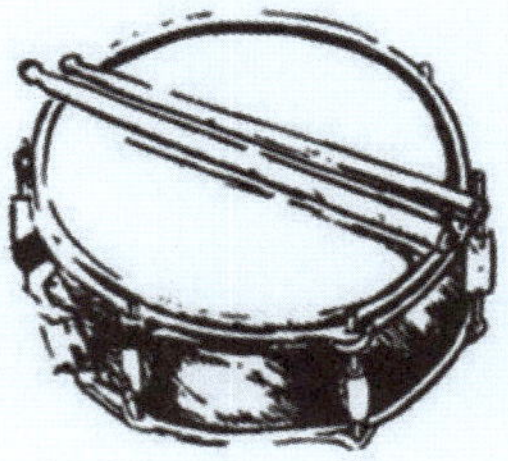

음표와 쉼표

음 표	이 름	음의 길이		쉼 표	이 름
𝅝	온음표	4박	▬▬▬▬	▬	온쉼표
𝅗𝅥.	점2분음표	3박	▬▬▬□	▬•	점2분쉼표
𝅗𝅥	2분음표	2박	▬▬□□	▬	2분쉼표
♩.	점4분음표	$1박 + \frac{1}{2}$	▬□□□	𝄽.	점4분쉼표
♩	4분음표	1박	▬□□□	𝄽	4분쉼표
♪.	점8분음표	$\frac{3}{4}박$	▬□□□	𝄾.	점8분쉼표
♪	8분음표	$\frac{1}{2}박$	▬□□□	𝄾	8분쉼표
♬	16분음표	$\frac{1}{4}$	▬□□□	𝄿	16분쉼표
♬	32분음표	$\frac{1}{8}$	▬□□□	𝅀	32분쉼표

STEP 02

음악용어 정리

악보를 읽고, 연주하기 위해 알아야 할 기본적인 용어들입니다.

1. *D.C.* **(Da Capo) :** 곡의 맨 처음으로 돌아갑니다.

2. *D.S.* **(Dal Segno) :** 세뇨(𝄋)표가 붙어 있는 부분으로 되돌아가 연주할 것을 지시하는 도돌이표 중의 하나입니다.

3. ***Coda* :** 연주를 특별히 정해진 종결부로 유도하기 위한 표기로서, 오선보의 세로줄 위에 적어 사용하며, 코다(𝄌)표가 붙어 있는 부분으로 건너뛰어 연주합니다.

4. ***Fine* :** 표시된 마디에서 끝마칩니다.

5. ***D.C. al Coda* :** 곡의 맨 처음으로 돌아가서 To Coda(𝄌)를 만나면 Coda(𝄌)로 건너뜁니다.

6. ***D.S. al Coda* :** 세뇨로 가서 To Coda를 만나면 Coda로 이동합니다.

7. ***D.C. al Fine* :** 곡의 맨 처음으로 돌아가서 Fine에서 곡을 끝냅니다.

8. ***D.S. al Fine* :** 세뇨로 돌아가서 Fine에서 곡을 끝냅니다.

9. ***Cut Time* :** 각 박자에 2비트를 포함하는 것으로, $\frac{2}{4}$박자라는 기호를 가리킵니다.

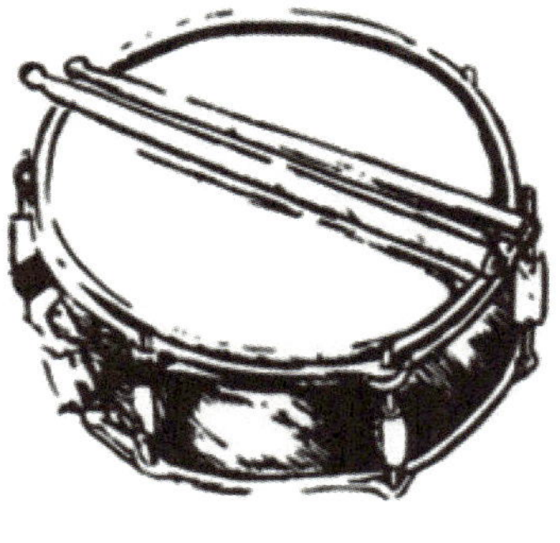

STEP 03

음표의 정의

STEP 03에서는 악보를 읽고 각 리듬마다 발음하는 방법을 공부할 수 있습니다.
반드시 입으로 소리를 내며 따라하세요.

① Quarter Notes(4분음표들)

4/4박자 기준으로 한 마디 안에 Quarter Note가 4개 있는 것입니다.

Sound ······▶ 1 2 3 4

* 1, 2, 3, 4 라고 발음하는 사람도 있지만, 지금부터는 반드시 One, Two, Three, Four로 소리 내며 연습해야 합니다.

② 8th Notes(8분음표들)

4/4박자 기준으로 한 마디 안에 8th Note가 8개 있는 것입니다.

Sound ······▶ 1 n 2 n 3 n 4 n

* 보이는 그대로 (원 앤), (투 앤), (쓰리 앤), (포 앤)이라고 발음하면 됩니다.
Quarter Notes 기준으로 재생된 메트로놈 위에 한 박에 두 번을 치면 이해가 쉽습니다.

다른 교재들이나 몇몇 교육기관에서는 다른 발음으로 사용하기도 하지만, 필드의 많은 연주자와 커뮤니케이션 및 활동을 위해 필자는 반드시 이렇게 올바른 발음을 권장합니다.

③ Triplet Notes(셋잇단음표들)

4/4박자 기준으로 한 마디 안에 Triplet Note가 4개 있는 것입니다.

Sound ······▶ 1 t t 2 t t 3 t t 4 t t

*  를 뭉쳐서 1개로 보면 됩니다. Triplet Notes의 사운드 표기는 (1 t t), (2 t t), (3 t t), (4 t t)입니다.

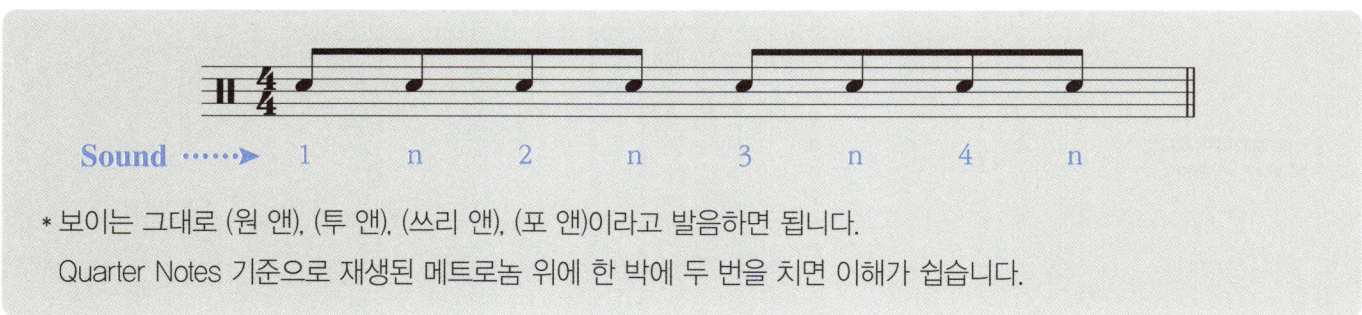

발음은 t뒤에 a를 붙여서 (원 타 타), (투 타 타), (쓰리 타 타), (포 타 타)입니다.
한 박에 세 번 치는 것을 의미하며, 이 노트는 매우 중요하므로 반드시 많이 연습해야 합니다.

이 리듬은 처음 접한 독자들에겐 어색하고 어렵겠지만, 몸에 익숙해지면 다른 장르를 배울 때나 연주할 때에도 편안함을 느낄 수 있습니다. 그러므로 잊지 말고 소리 내며 연습해야 합니다.

④ 16th Notes(16분음표들)

$\frac{4}{4}$박자 기준으로 한 마디 안에 16th Note가 16개 있는 것입니다.

Sound ······▶ 1 e n d 2 e n d 3 e n d 4 e n d

* 발음은 (원이앤다), (투이앤다), (쓰리앤다), (포이앤다)이며, 한 박에 네 번 치는 것을 의미합니다.

⑤ 16th Triplet Notes(6연음들)

$\frac{4}{4}$박자 기준으로 한 마디 안에 16th Triplet Note가 4개 있는 것입니다.

Sound ······▶ 1 t t n t t 2 t t n t t 3 t t n t t 4 t t n t t

* 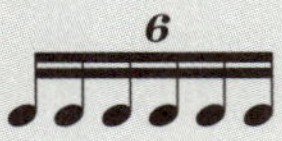

를 뭉쳐서 1개로 보면 됩니다.

발음은 (원타타앤타타), (투타타앤타타), (쓰리타타앤타타), (포타타앤타타)라고 하며, 한 박당 여섯 번 치는 것을 의미합니다.

⑥ 32th Notes(8연음들)

$\frac{4}{4}$박자 기준으로 한 마디 안에 32th Note가 32개 있는 것입니다.

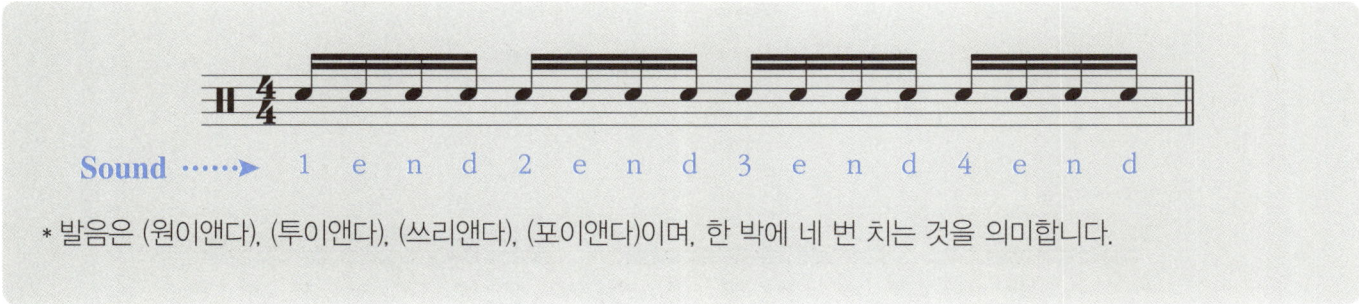

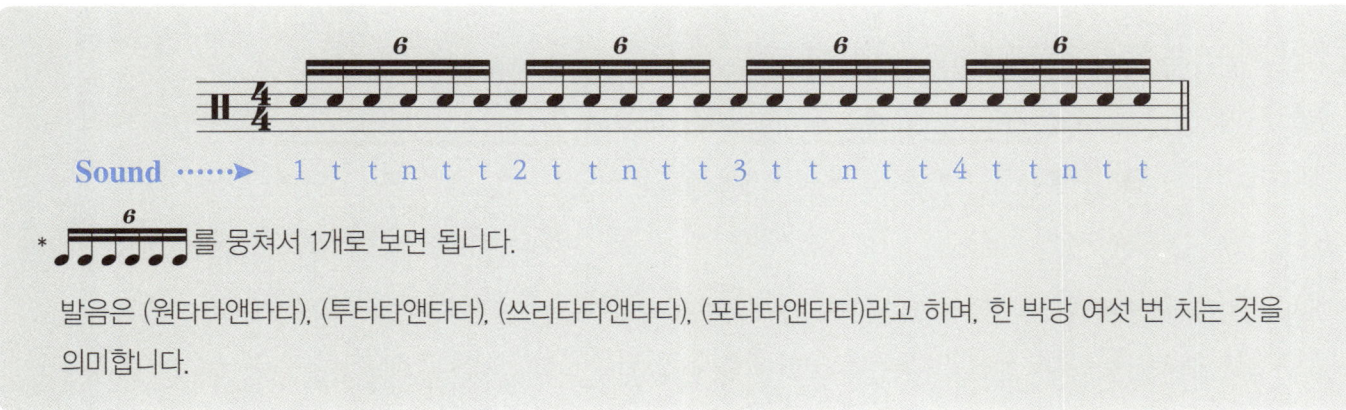

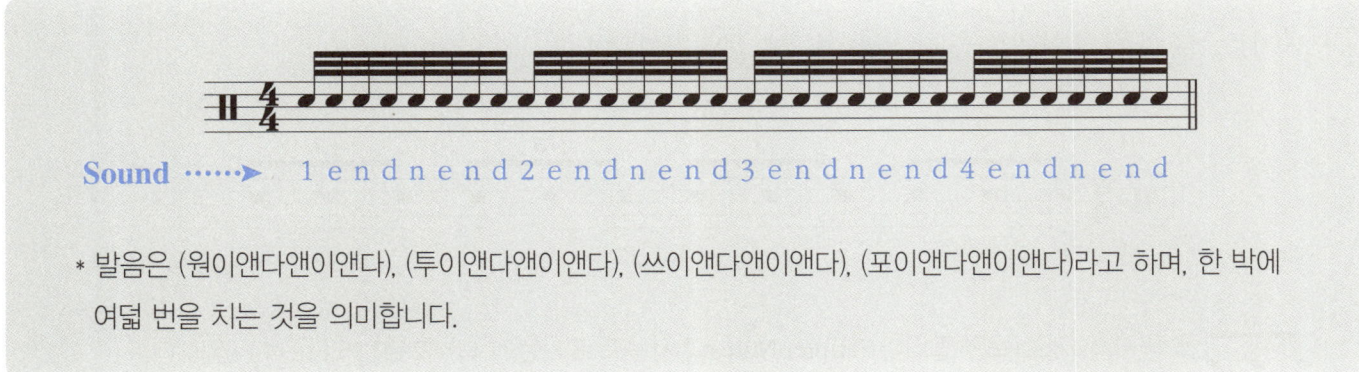

Sound ······▶ 1 e n d n e n d 2 e n d n e n d 3 e n d n e n d 4 e n d n e n d

* 발음은 (원이앤다앤이앤다), (투이앤다앤이앤다), (쓰이앤다앤이앤다), (포이앤다앤이앤다)라고 하며, 한 박에 여덟 번을 치는 것을 의미합니다.

STEP 04

Note를 좀 더 쉽게 이해해보기

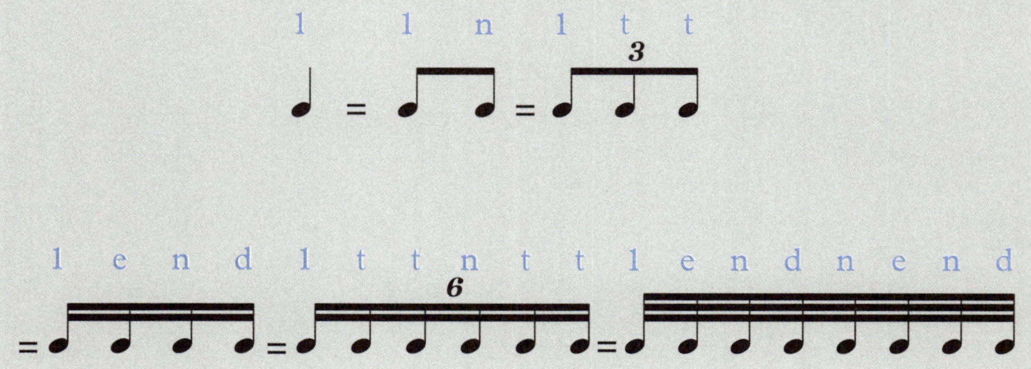

- 메트로놈의 Quarter Note가 한 번 울릴 때 Quarter Note는 1번
- 메트로놈의 Quarter Note가 한 번 울릴 때 8th Note는 2번
- 메트로놈의 Quarter Note가 한 번 울릴 때 Triplet Note는 3번
- 메트로놈의 Quarter Note가 한 번 울릴 때 16th Note는 4번
- 메트로놈의 Quarter Note가 한 번 울릴 때 16th Triplet Note는 6번
- 메트로놈의 Quarter Note가 한 번 울릴 때 32th Note는 8번

STEP 05

Notes 사운드를 활용한 연습

Notes의 정의를 통해서 Notes 이해와 사운드를 활용하는 법을 알 수 있었으며,
다양한 Notes를 연습용 패드에서 직접 소리 내며 연습해 보세요.

(매일 30분 이상 소리내서 연습해 보세요.)

TRACK 1-1 (♩=60) TRACK 1-2 (♩=100)

① Quarter Notes ····▶

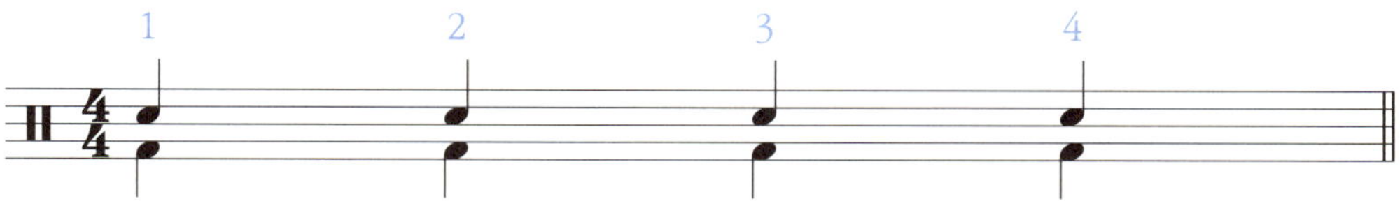

② 8th Notes ····▶

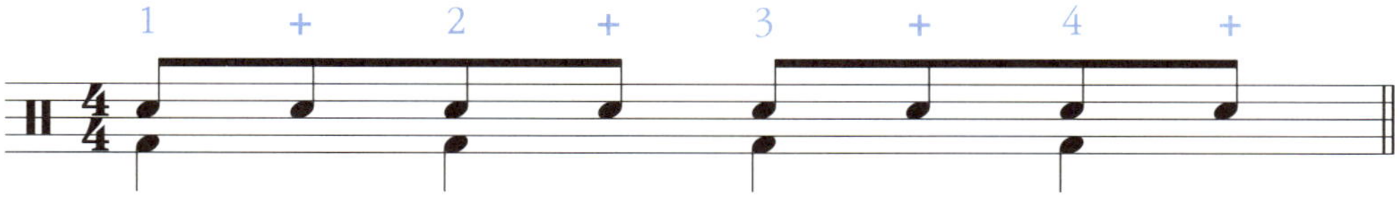

③ Triplet Notes ····▶

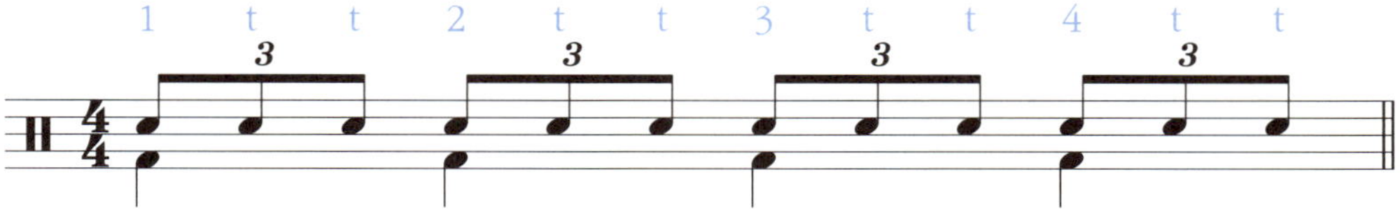

④ 16th Notes ····▶

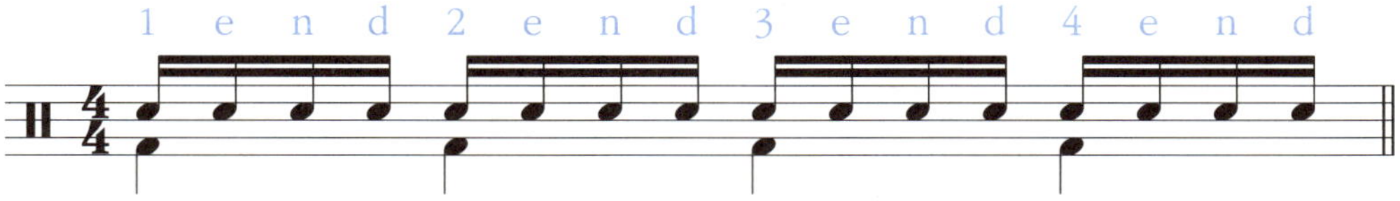

⑤ 16th Triplet Notes ····▶

⑥ 32nd Notes ····▶

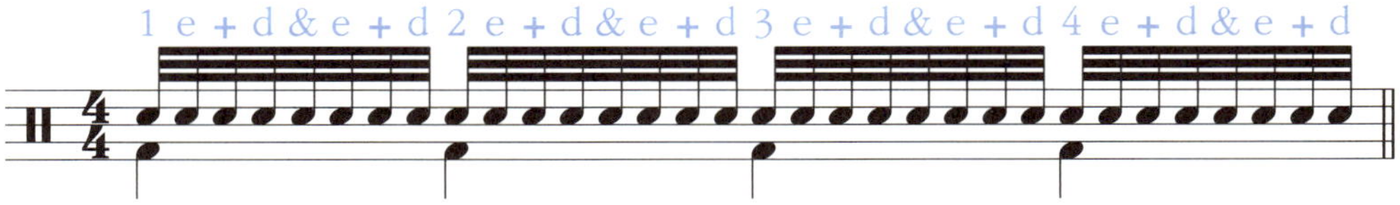

STEP 06

Quarter Notes 사운드 적용 1

메트로놈에 맞춰 음표는 악센트를 이용해서 소리를 크게 내고, 쉼표는 작은 소리로 연주하세요.

1 2 3 4 1 2 3 4
1 2 3 4 1 2 3 4
1 2 3 4 1 2 3 4
1 2 3 4 1 2 3 4
1 2 3 4 1 2 3 4
1 2 3 4 1 2 3 4
1 2 3 4 1 2 3 4
1 2 3 4 1 2 3 4

STEP 07

Quarter Notes 사운드 적용 2

메트로놈에 맞춰 음표는 악센트를 이용해서 소리를 크게 내고, 쉼표는 작은 소리로 연주하세요.

TRACK 3-1 (♩=60) TRACK 3-2 (♩=100)

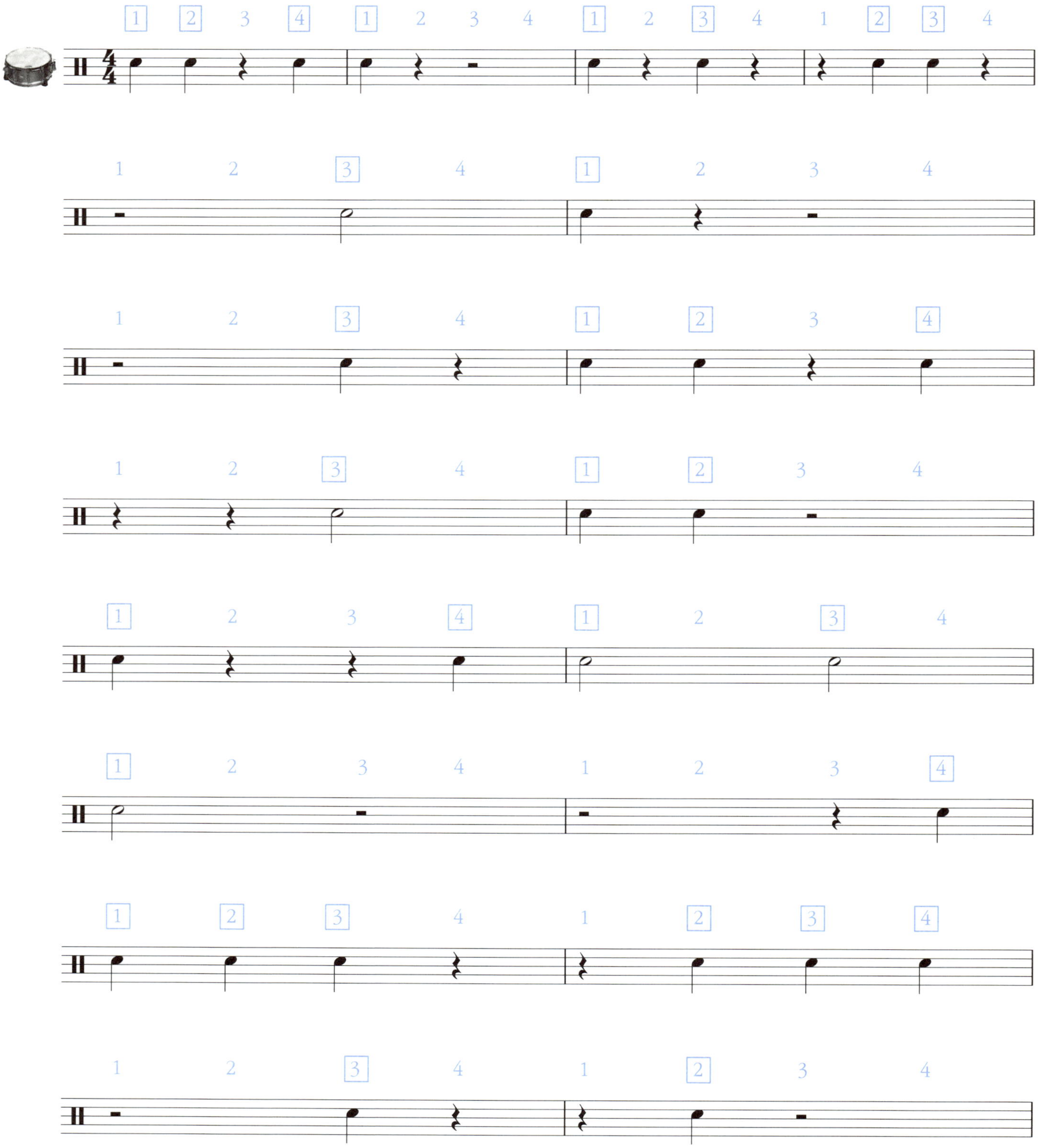

1 2 3 4 1 2 3 4 1 2 3 4 1 2 3 4
1 2 3 4 1 2 3 4
1 2 3 4 1 2 3 4
1 2 3 4 1 2 3 4
1 2 3 4 1 2 3 4
1 2 3 4 1 2 3 4
1 2 3 4 1 2 3 4
1 2 3 4 1 2 3 4

STEP 08

Quarter Notes 사운드 적용 3

메트로놈에 맞춰 음표는 악센트를 이용해서 소리를 크게 내고, 쉼표는 작은 소리로 연주하세요.

1 2 3 4 1 2 3 4 1 2 3 4 1 2 3 4
1 2 3 4 1 2 3 4
1 2 3 4 1 2 3 4
1 2 3 4 1 2 3 4
1 2 3 4 1 2 3 4
1 2 3 4 1 2 3 4
1 2 3 4 1 2 3 4
1 2 3 4 1 2 3 4
1 2 3 4 1 2 3 4

STEP 09

8th Notes 사운드 적용 1

메트로놈에 맞춰 음표는 악센트를 이용해서 소리를 크게 내고, 쉼표는 작은 소리로 연주하세요.

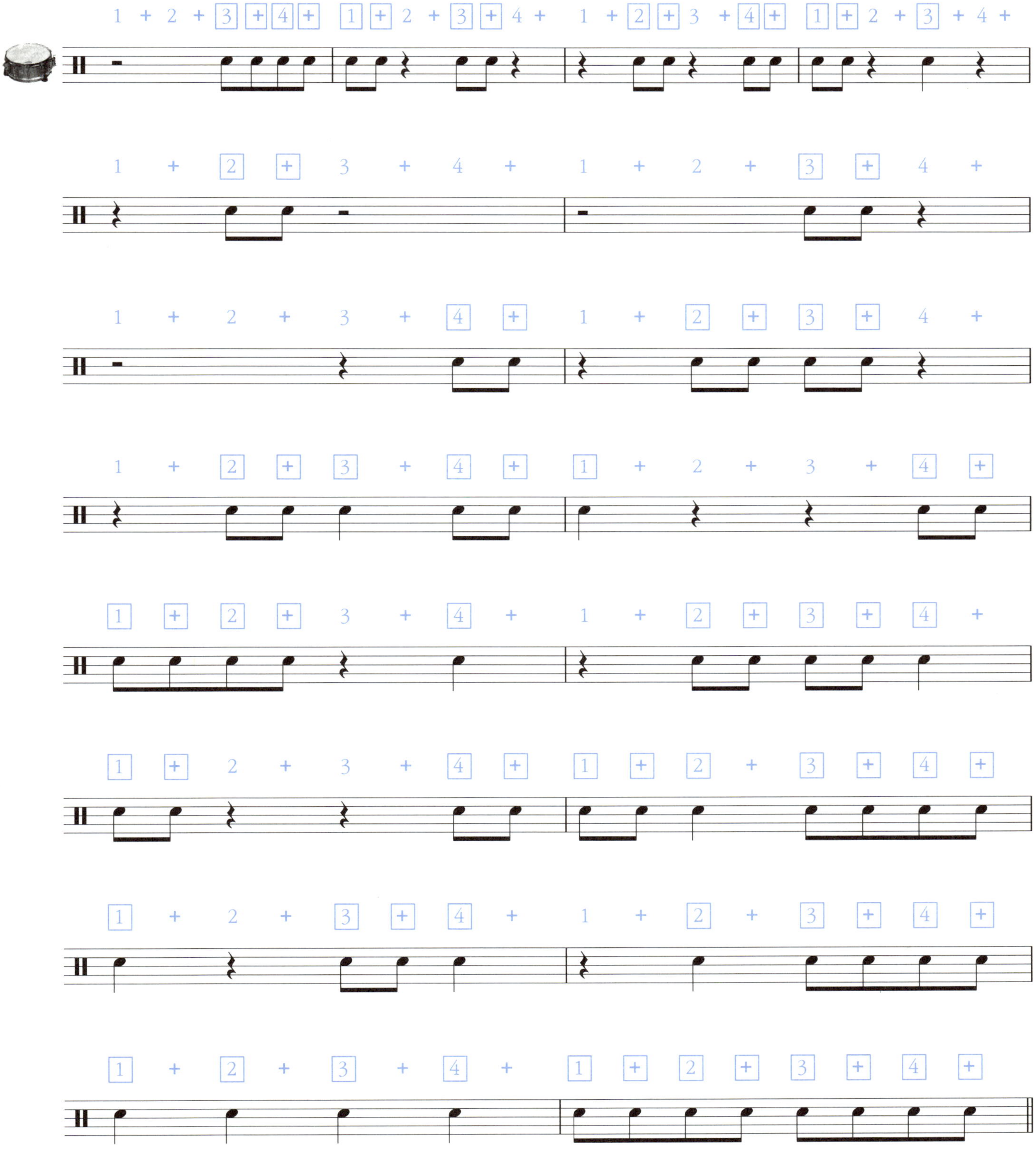
1 + 2 + 3 + 4 + 1 + 2 + 3 + 4 + 1 + 2 + 3 + 4 + 1 + 2 + 3 + 4 +
1 + 2 + 3 + 4 + 1 + 2 + 3 + 4 +
1 + 2 + 3 + 4 + 1 + 2 + 3 + 4 +
1 + 2 + 3 + 4 + 1 + 2 + 3 + 4 +
1 + 2 + 3 + 4 + 1 + 2 + 3 + 4 +
1 + 2 + 3 + 4 + 1 + 2 + 3 + 4 +
1 + 2 + 3 + 4 + 1 + 2 + 3 + 4 +
1 + 2 + 3 + 4 + 1 + 2 + 3 + 4 +

STEP 10

8th Notes 사운드 적용 2

메트로놈에 맞춰 음표는 악센트를 이용해서 소리를 크게 내고, 쉼표는 작은 소리로 연주하세요.

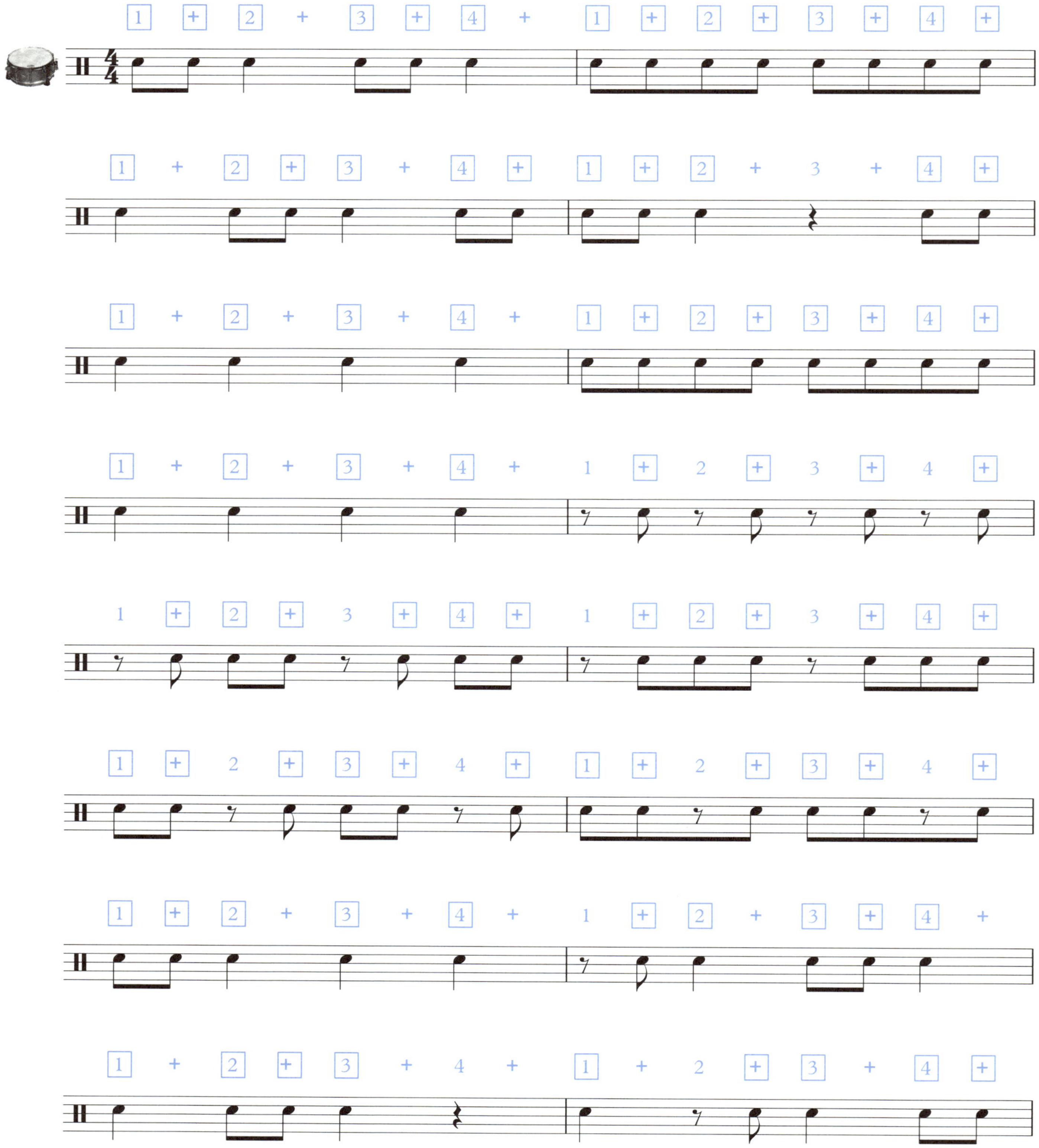

1 + 2 + 3 + 4 + 1 + 2 + 3 + 4 + 1 + 2 + 3 + 4 + 1 + 2 + 3 + 4 +
1 + 2 + 3 + 4 + 1 + 2 + 3 + 4 + 1 + 2 + 3 + 4 + 1 + 2 + 3 + 4 +
1 + 2 + 3 + 4 + 1 + 2 + 3 + 4 +
1 + 2 + 3 + 4 + 1 + 2 + 3 + 4 +
1 + 2 + 3 + 4 + 1 + 2 + 3 + 4 +
1 + 2 + 3 + 4 + 1 + 2 + 3 + 4 +
1 + 2 + 3 + 4 + 1 + 2 + 3 + 4 +
1 + 2 + 3 + 4 + 1 + 2 + 3 + 4 +

STEP 11

8th Notes 사운드 적용 3

메트로놈에 맞춰 음표는 악센트를 이용해서 소리를 크게 내고, 쉼표는 작은 소리로 연주하세요.

TRACK 7-1 (♩=60) TRACK 7-2 (♩=100)

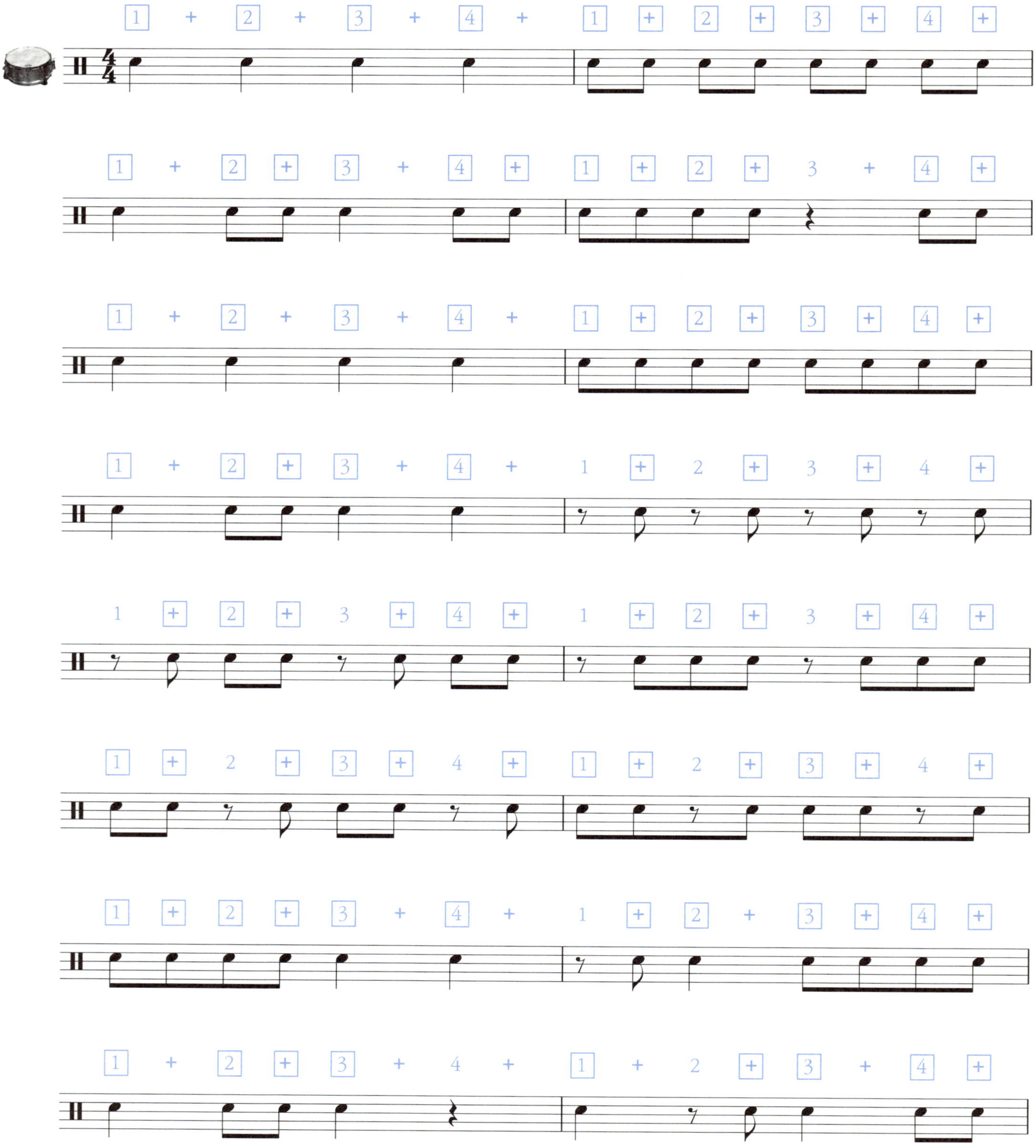

1 + 2 + 3 + 4 + 1 + 2 + 3 + 4 + 1 + 2 + 3 + 4 + 1 + 2 + 3 + 4 +
1 + 2 + 3 + 4 + 1 + 2 + 3 + 4 + 1 + 2 + 3 + 4 + 1 + 2 + 3 + 4 +
1 + 2 + 3 + 4 + 1 + 2 + 3 + 4 +
1 + 2 + 3 + 4 + 1 + 2 + 3 + 4 +
1 + 2 + 3 + 4 + 1 + 2 + 3 + 4 +
1 + 2 + 3 + 4 + 1 + 2 + 3 + 4 +
1 + 2 + 3 + 4 + 1 + 2 + 3 + 4 +
1 + 2 + 3 + 4 + 1 + 2 + 3 + 4 +

STEP 12

8th Notes 사운드 적용 4

메트로놈에 맞춰 음표는 악센트를 이용해서 소리를 크게 내고, 쉼표는 작은 소리로 연주하세요.

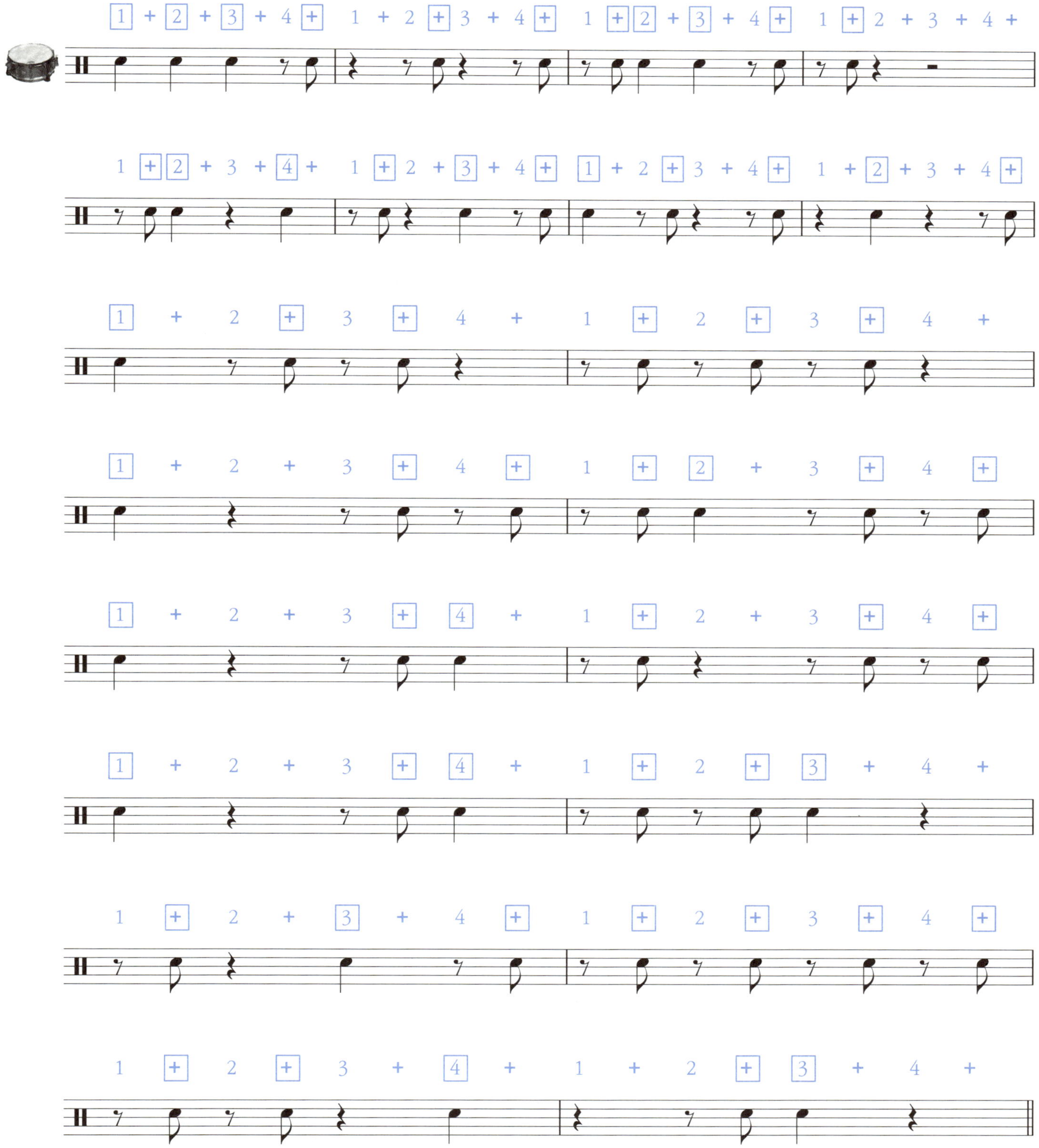
1 + 2 + 3 + 4 + 1 + 2 + 3 + 4 + 1 + 2 + 3 + 4 + 1 + 2 + 3 + 4 +
1 + 2 + 3 + 4 + 1 + 2 + 3 + 4 + 1 + 2 + 3 + 4 + 1 + 2 + 3 + 4 +
1 + 2 + 3 + 4 + 1 + 2 + 3 + 4 +
1 + 2 + 3 + 4 + 1 + 2 + 3 + 4 +
1 + 2 + 3 + 4 + 1 + 2 + 3 + 4 +
1 + 2 + 3 + 4 + 1 + 2 + 3 + 4 +
1 + 2 + 3 + 4 + 1 + 2 + 3 + 4 +
1 + 2 + 3 + 4 + 1 + 2 + 3 + 4 +

STEP 13

Triplet Notes 사운드 적용 1

메트로놈에 맞춰 음표는 악센트를 이용해서 소리를 크게 내고, 쉼표는 작은 소리로 연주하세요.

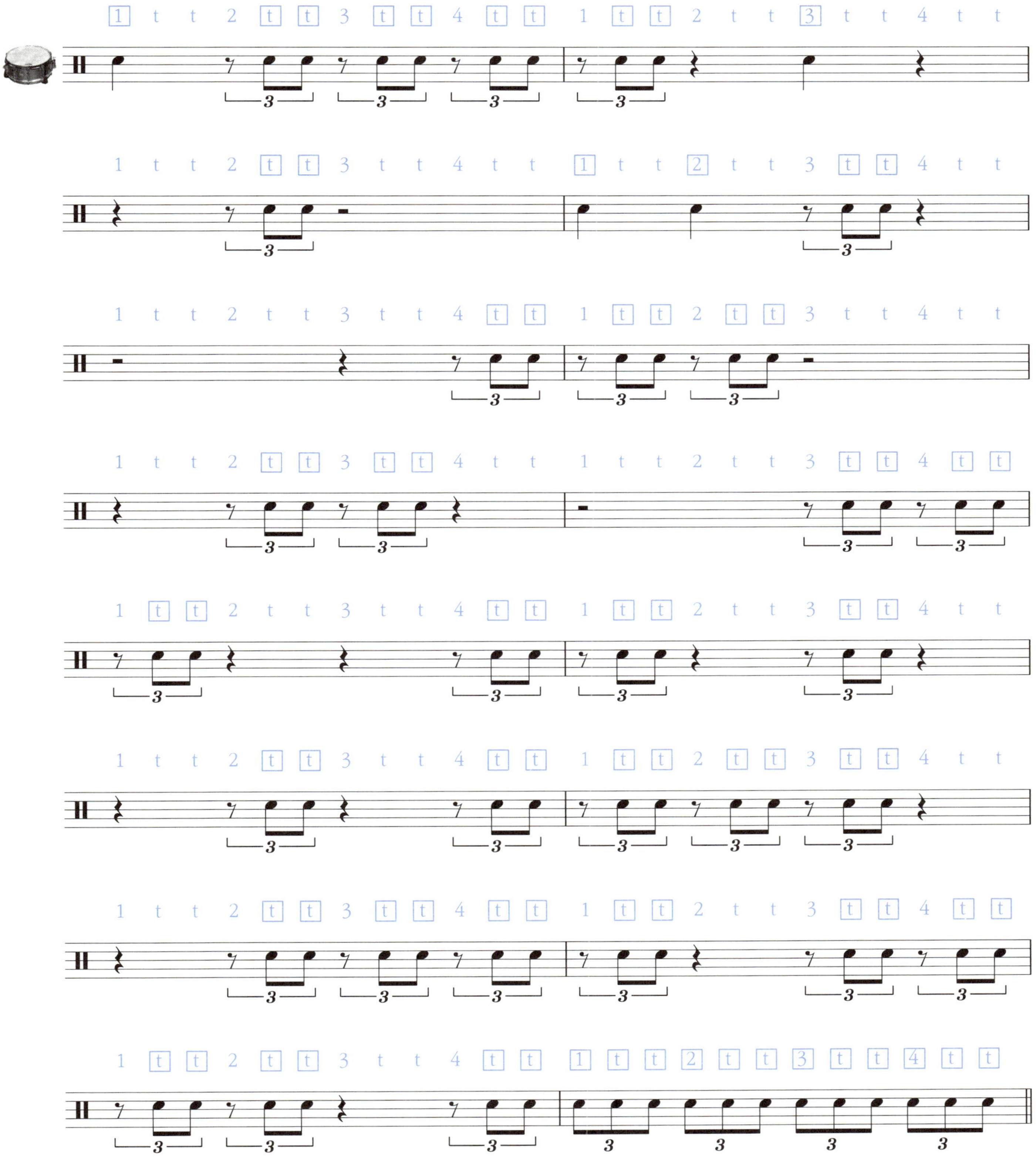
1 t t 2 t t 3 t t 4 t t 1 t t 2 t t 3 t t 4 t t
1 t t 2 t t 3 t t 4 t t 1 t t 2 t t 3 t t 4 t t
1 t t 2 t t 3 t t 4 t t 1 t t 2 t t 3 t t 4 t t
1 t t 2 t t 3 t t 4 t t 1 t t 2 t t 3 t t 4 t t
1 t t 2 t t 3 t t 4 t t 1 t t 2 t t 3 t t 4 t t
1 t t 2 t t 3 t t 4 t t 1 t t 2 t t 3 t t 4 t t
1 t t 2 t t 3 t t 4 t t 1 t t 2 t t 3 t t 4 t t
1 t t 2 t t 3 t t 4 t t 1 t t 2 t t 3 t t 4 t t

STEP 14

Triplet Notes 사운드 적용 2

메트로놈에 맞춰 음표는 악센트를 이용해서 소리를 크게 내고, 쉼표는 작은 소리로 연주하세요.

1 t t 2 t t 3 t t 4 t t 1 t t 2 t t 3 t t 4 t t
1 t t 2 t t 3 t t 4 t t 1 t t 2 t t 3 t t 4 t t
1 t t 2 t t 3 t t 4 t t 1 t t 2 t t 3 t t 4 t t
1 t t 2 t t 3 t t 4 t t 1 t t 2 t t 3 t t 4 t t
1 t t 2 t t 3 t t 4 t t 1 t t 2 t t 3 t t 4 t t
1 t t 2 t t 3 t t 4 t t 1 t t 2 t t 3 t t 4 t t
1 t t 2 t t 3 t t 4 t t 1 t t 2 t t 3 t t 4 t t
1 t t 2 t t 3 t t 4 t t 1 t t 2 t t 3 t t 4 t t

STEP 15

Triplet Notes 사운드 적용 3

메트로놈에 맞춰 음표는 악센트를 이용해서 소리를 크게 내고, 쉼표는 작은 소리로 연주하세요.

TRACK 11-1 (♩. =60) TRACK 11-2 (♩. =100)

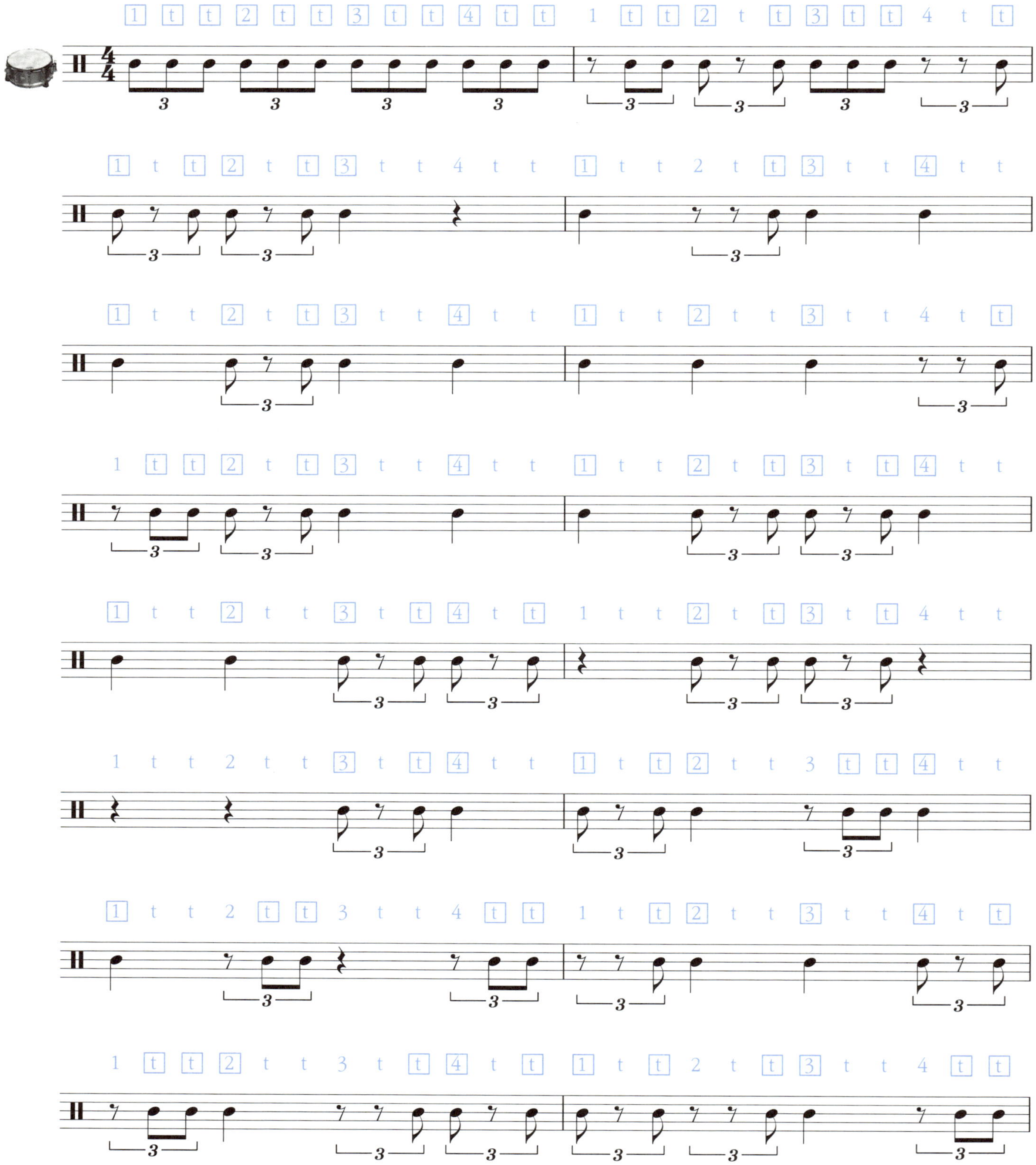

1 t t 2 t t 3 t t 4 t t 1 t t 2 t t 3 t t 4 t t 1 t t 2 t t 3 t t 4 t t 1 t t 2 t t 3 t t 4 t t
1 t t 2 t t 3 t t 4 t t 1 t t 2 t t 3 t t 4 t t 1 t t 2 t t 3 t t 4 t t 1 t t 2 t t 3 t t 4 t t
1 t t 2 t t 3 t t 4 t t 1 t t 2 t t 3 t t 4 t t 1 t t 2 t t 3 t t 4 t t 1 t t 2 t t 3 t t 4 t t
1 t t 2 t t 3 t t 4 t t 1 t t 2 t t 3 t t 4 t t 1 t t 2 t t 3 t t 4 t t 1 t t 2 t t 3 t t 4 t t
1 t t 2 t t 3 t t 4 t t 1 t t 2 t t 3 t t 4 t t
1 t t 2 t t 3 t t 4 t t 1 t t 2 t t 3 t t 4 t t
1 t t 2 t t 3 t t 4 t t 1 t t 2 t t 3 t t 4 t t
1 t t 2 t t 3 t t 4 t t 1 t t 2 t t 3 t t 4 t t

STEP 16

Triplet Notes 사운드 적용 4

메트로놈에 맞춰 음표는 악센트를 이용해서 소리를 크게 내고, 쉼표는 작은 소리로 연주하세요.

TRACK 12-1 (♩=60) TRACK 12-2 (♩=100)

1 t t 2 t t 3 t t 4 t t 1 t t 2 t t 3 t t 4 t t 1 t t 2 t t 3 t t 4 t t 1 t t 2 t t 3 t t 4 t t
1 t t 2 t t 3 t t 4 t t 1 t t 2 t t 3 t t 4 t t 1 t t 2 t t 3 t t 4 t t 1 t t 2 t t 3 t t 4 t t
1 t t 2 t t 3 t t 4 t t 1 t t 2 t t 3 t t 4 t t 1 t t 2 t t 3 t t 4 t t 1 t t 2 t t 3 t t 4 t t
1 t t 2 t t 3 t t 4 t t 1 t t 2 t t 3 t t 4 t t 1 t t 2 t t 3 t t 4 t t 1 t t 2 t t 3 t t 4 t t
1 t t 2 t t 3 t t 4 t t 1 t t 2 t t 3 t t 4 t t
1 t t 2 t t 3 t t 4 t t 1 t t 2 t t 3 t t 4 t t
1 t t 2 t t 3 t t 4 t t 1 t t 2 t t 3 t t 4 t t
1 t t 2 t t 3 t t 4 t t 1 t t 2 t t 3 t t 4 t t

STEP 17

Triplet Notes 사운드 적용 5

메트로놈에 맞춰 음표는 악센트를 이용해서 소리를 크게 내고, 쉼표는 작은 소리로 연주하세요.

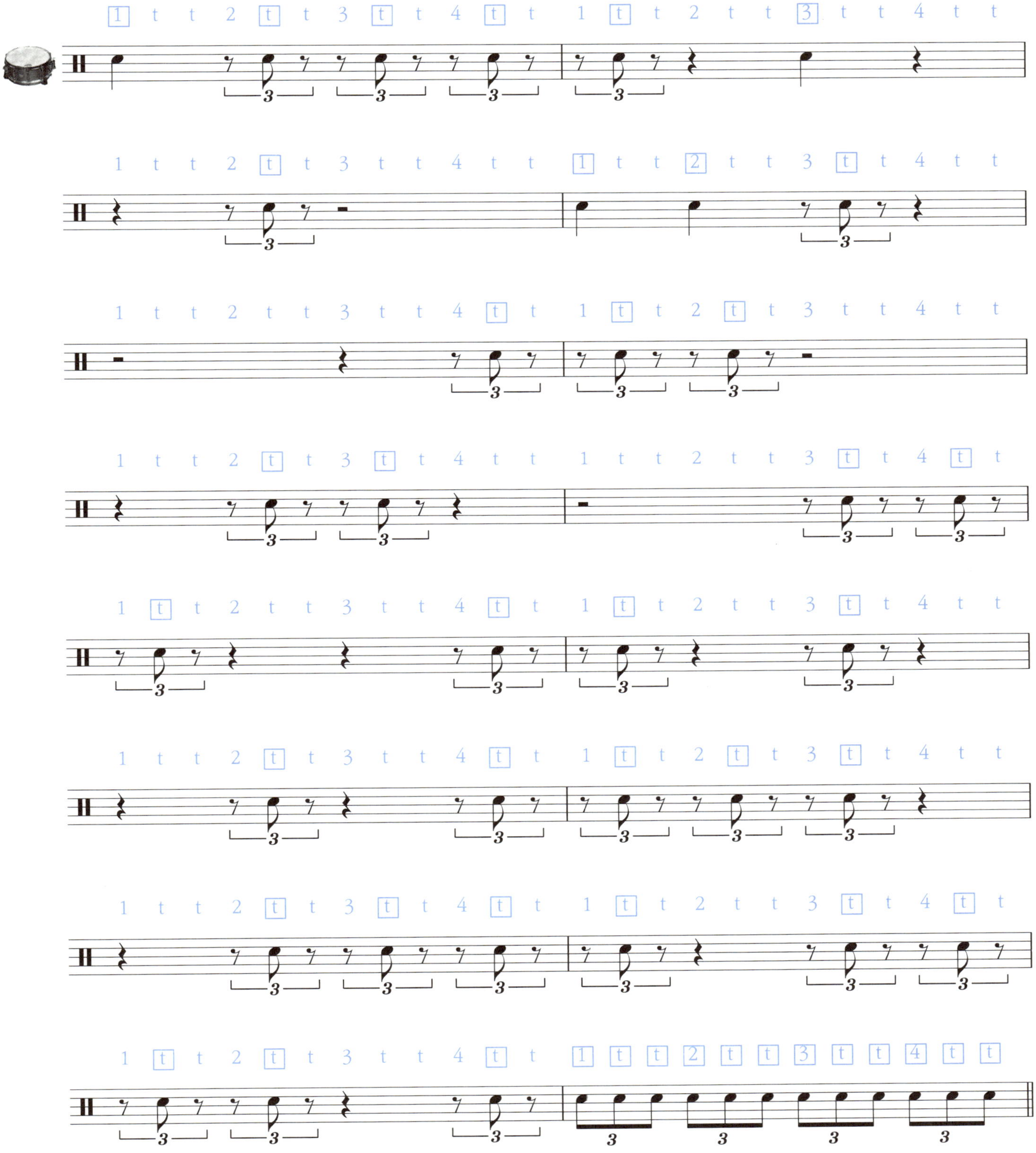
1 t t 2 t t 3 t t 4 t t 1 t t 2 t t 3 t t 4 t t
1 t t 2 t t 3 t t 4 t t 1 t t 2 t t 3 t t 4 t t
1 t t 2 t t 3 t t 4 t t 1 t t 2 t t 3 t t 4 t t
1 t t 2 t t 3 t t 4 t t 1 t t 2 t t 3 t t 4 t t
1 t t 2 t t 3 t t 4 t t 1 t t 2 t t 3 t t 4 t t
1 t t 2 t t 3 t t 4 t t 1 t t 2 t t 3 t t 4 t t
1 t t 2 t t 3 t t 4 t t 1 t t 2 t t 3 t t 4 t t
1 t t 2 t t 3 t t 4 t t 1 t t 2 t t 3 t t 4 t t

STEP 18

Triplet Notes 사운드 적용 6

메트로놈에 맞춰 음표는 악센트를 이용해서 소리를 크게 내고, 쉼표는 작은 소리로 연주하세요.

TRACK 14-1 (♩=60) TRACK 14-2 (♩=100)

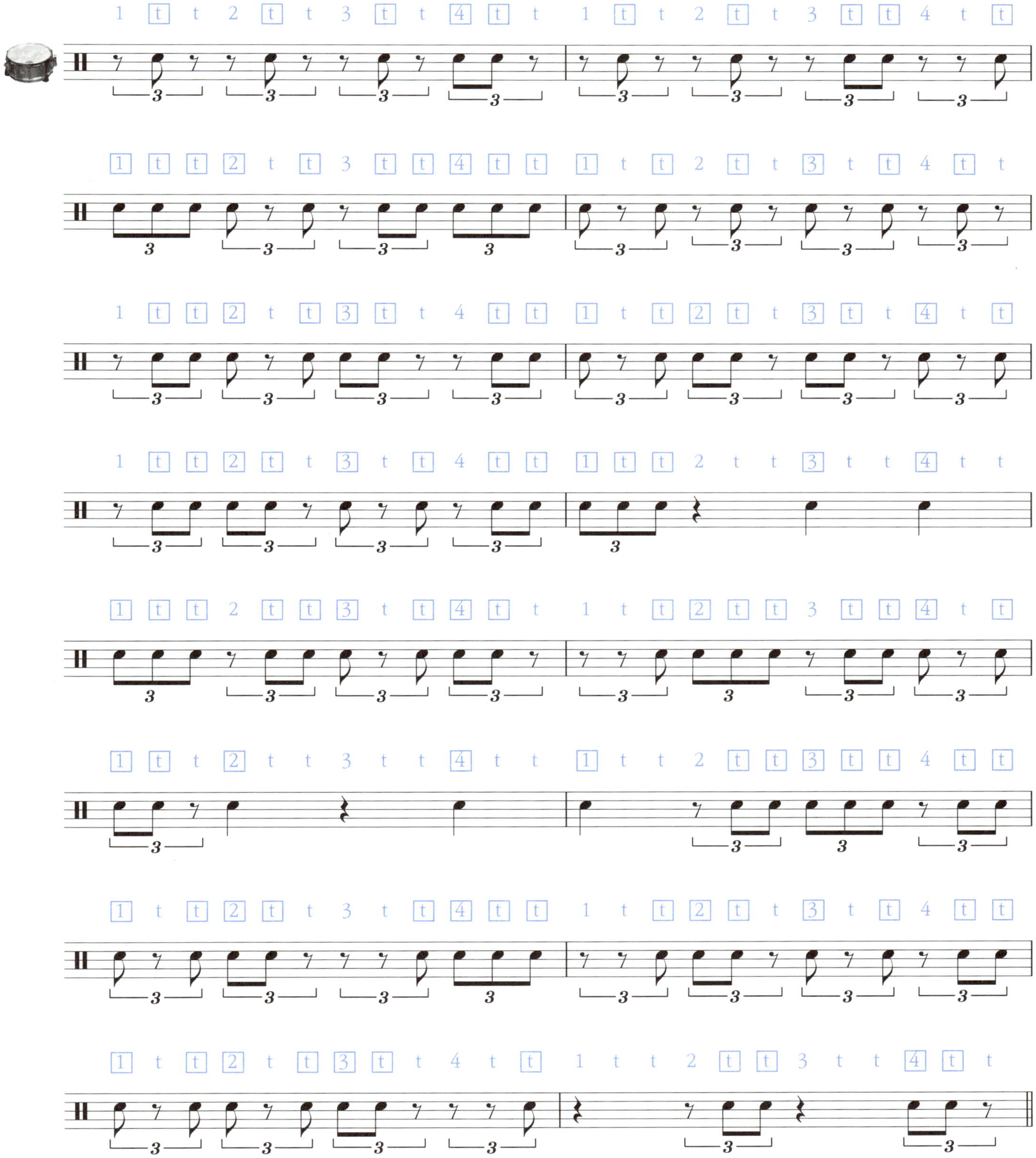
1 t t 2 t t 3 t t 4 t t 1 t t 2 t t 3 t t 4 t t
1 t t 2 t t 3 t t 4 t t 1 t t 2 t t 3 t t 4 t t
1 t t 2 t t 3 t t 4 t t 1 t t 2 t t 3 t t 4 t t
1 t t 2 t t 3 t t 4 t t 1 t t 2 t t 3 t t 4 t t
1 t t 2 t t 3 t t 4 t t 1 t t 2 t t 3 t t 4 t t
1 t t 2 t t 3 t t 4 t t 1 t t 2 t t 3 t t 4 t t
1 t t 2 t t 3 t t 4 t t 1 t t 2 t t 3 t t 4 t t
1 t t 2 t t 3 t t 4 t t 1 t t 2 t t 3 t t 4 t t

STEP 19

16th Notes 사운드 적용 1

메트로놈에 맞춰 음표는 악센트를 이용해서 소리를 크게 내고, 쉼표는 작은 소리로 연주하세요.

TRACK 15-1 (♩=60) TRACK 15-2 (♩=100)

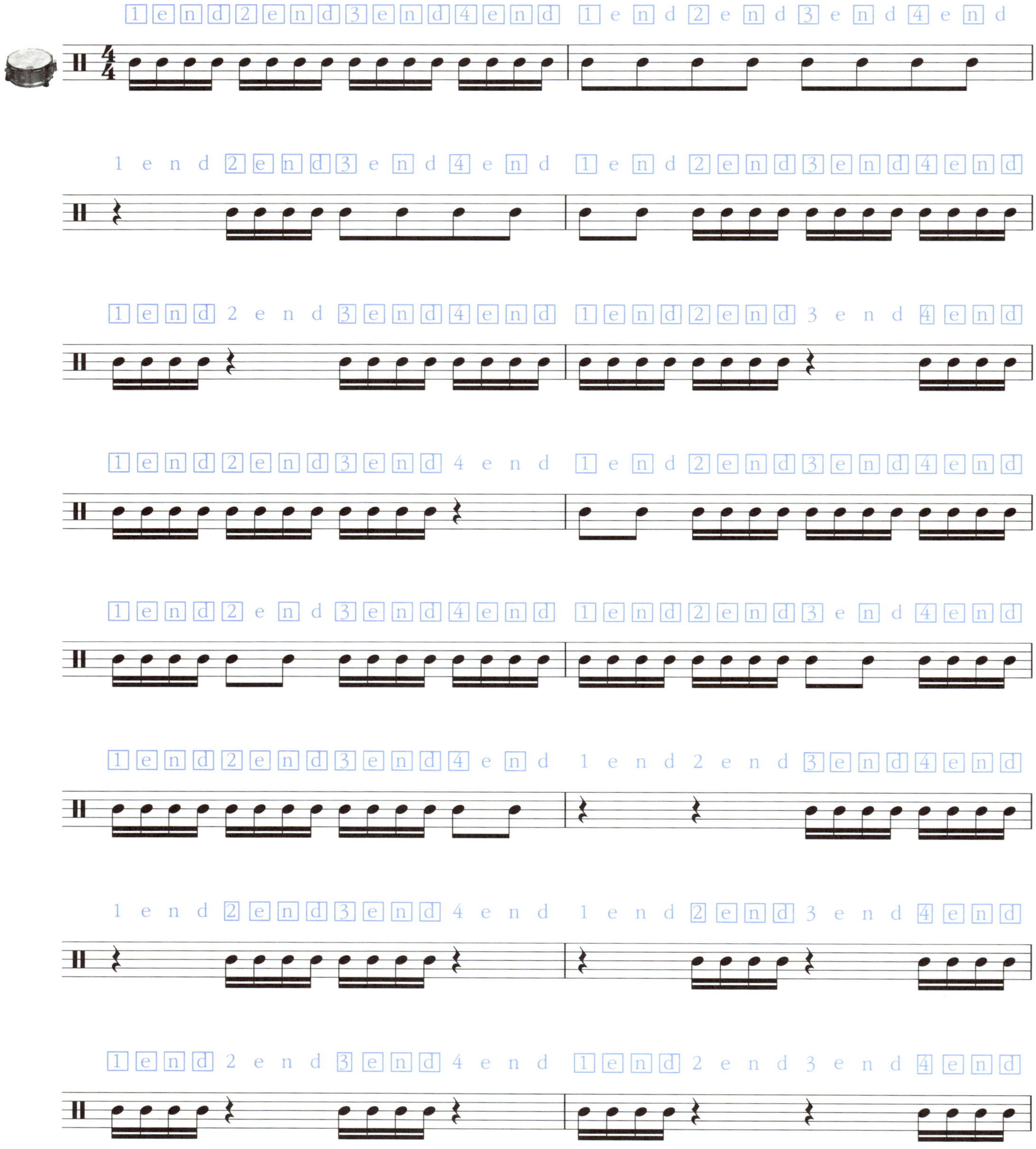

1 e n d 2 e n d 3 e n d 4 e n d 1 e n d 2 e n d 3 e n d 4 e n d
1 e n d 2 e n d 3 e n d 4 e n d 1 e n d 2 e n d 3 e n d 4 e n d
1 e n d 2 e n d 3 e n d 4 e n d 1 e n d 2 e n d 3 e n d 4 e n d
1 e n d 2 e n d 3 e n d 4 e n d 1 e n d 2 e n d 3 e n d 4 e n d
1 e n d 2 e n d 3 e n d 4 e n d 1 e n d 2 e n d 3 e n d 4 e n d
1 e n d 2 e n d 3 e n d 4 e n d 1 e n d 2 e n d 3 e n d 4 e n d
1 e n d 2 e n d 3 e n d 4 e n d 1 e n d 2 e n d 3 e n d 4 e n d
1 e n d 2 e n d 3 e n d 4 e n d 1 e n d 2 e n d 3 e n d 4 e n d

STEP 20

16th Notes 사운드 적용 2

메트로놈에 맞춰 음표는 악센트를 이용해서 소리를 크게 내고, 쉼표는 작은 소리로 연주하세요.

TRACK 16-1 (♩=60) TRACK 16-2 (♩=100)

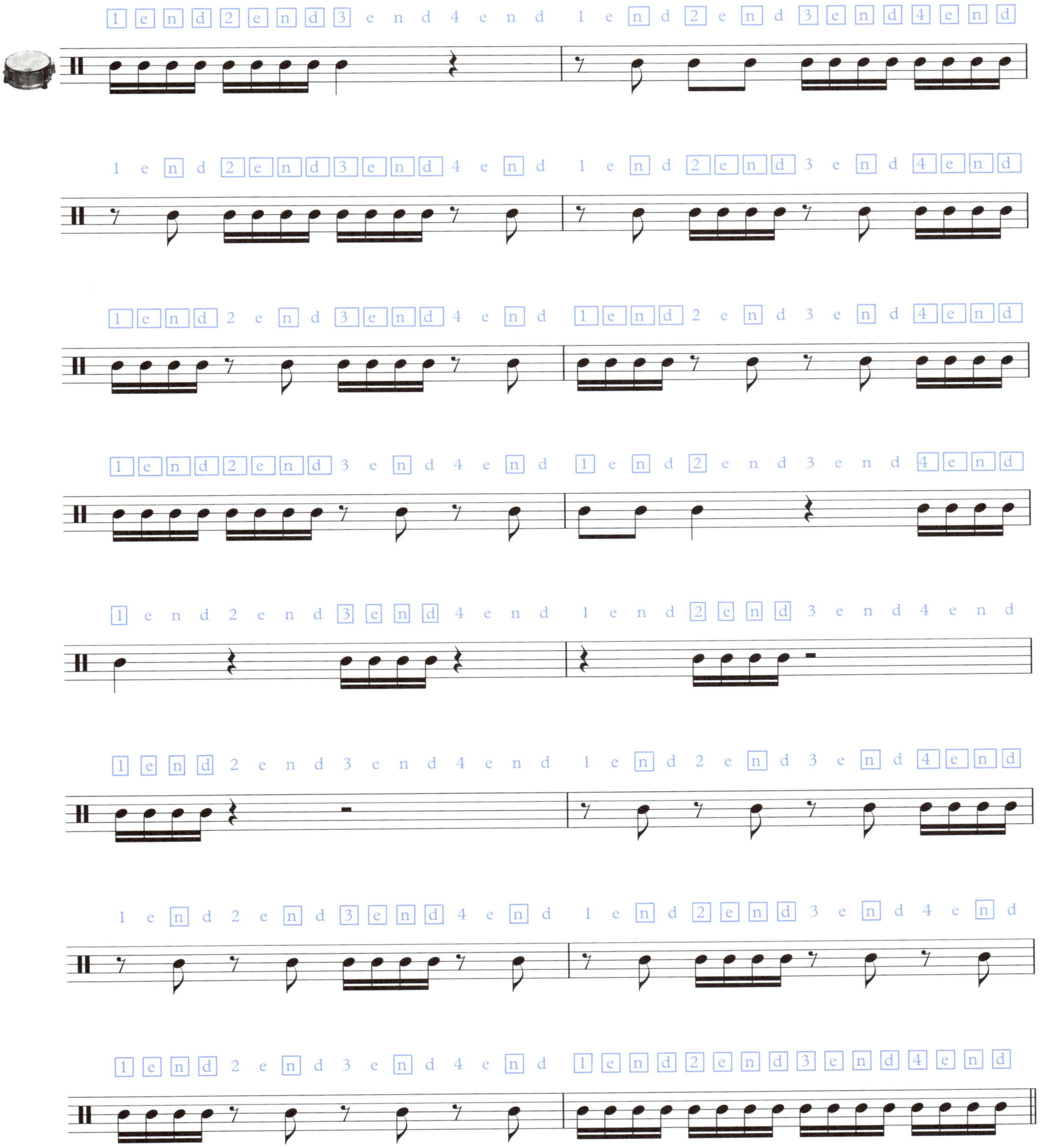
1 e n d 2 e n d 3 e n d 4 e n d 1 e n d 2 e n d 3 e n d 4 e n d
1 e n d 2 e n d 3 e n d 4 e n d 1 e n d 2 e n d 3 e n d 4 e n d
1 e n d 2 e n d 3 e n d 4 e n d 1 e n d 2 e n d 3 e n d 4 e n d
1 e n d 2 e n d 3 e n d 4 e n d 1 e n d 2 e n d 3 e n d 4 e n d
1 e n d 2 e n d 3 e n d 4 e n d 1 e n d 2 e n d 3 e n d 4 e n d
1 e n d 2 e n d 3 e n d 4 e n d 1 e n d 2 e n d 3 e n d 4 e n d
1 e n d 2 e n d 3 e n d 4 e n d 1 e n d 2 e n d 3 e n d 4 e n d
1 e n d 2 e n d 3 e n d 4 e n d 1 e n d 2 e n d 3 e n d 4 e n d

STEP 21

16th Notes 사운드 적용 3

메트로놈에 맞춰 음표는 악센트를 이용해서 소리를 크게 내고, 쉼표는 작은 소리로 연주하세요.

TRACK 17-1 (♩=60) TRACK 17-2 (♩=100)

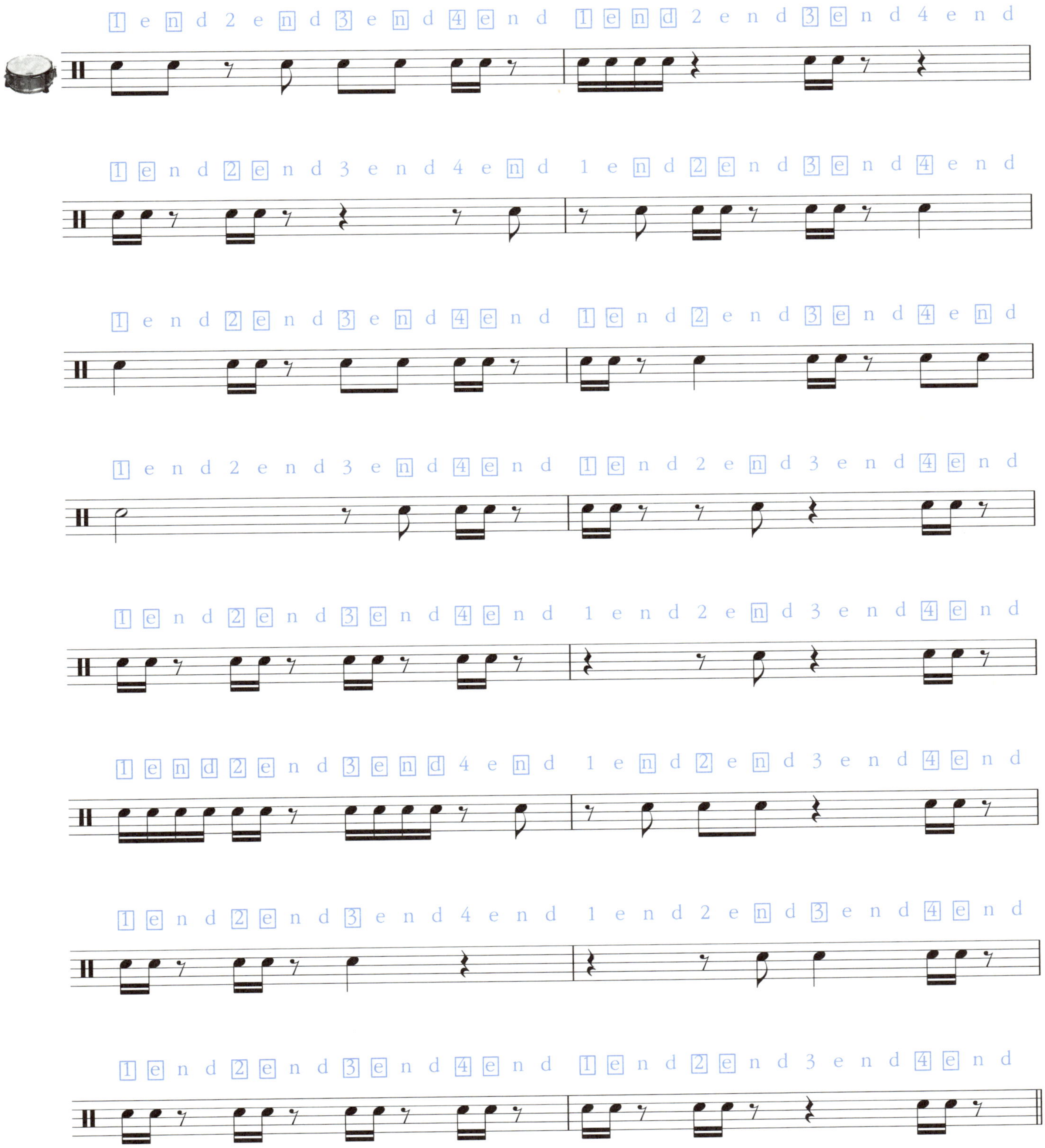
1 e n d 2 e n d 3 e n d 4 e n d 1 e n d 2 e n d 3 e n d 4 e n d
1 e n d 2 e n d 3 e n d 4 e n d 1 e n d 2 e n d 3 e n d 4 e n d
1 e n d 2 e n d 3 e n d 4 e n d 1 e n d 2 e n d 3 e n d 4 e n d
1 e n d 2 e n d 3 e n d 4 e n d 1 e n d 2 e n d 3 e n d 4 e n d
1 e n d 2 e n d 3 e n d 4 e n d 1 e n d 2 e n d 3 e n d 4 e n d
1 e n d 2 e n d 3 e n d 4 e n d 1 e n d 2 e n d 3 e n d 4 e n d
1 e n d 2 e n d 3 e n d 4 e n d 1 e n d 2 e n d 3 e n d 4 e n d
1 e n d 2 e n d 3 e n d 4 e n d 1 e n d 2 e n d 3 e n d 4 e n d

STEP 22

16th Notes에서 나올 수 있는 노트

총 15가지 패턴이 나오게 됩니다.

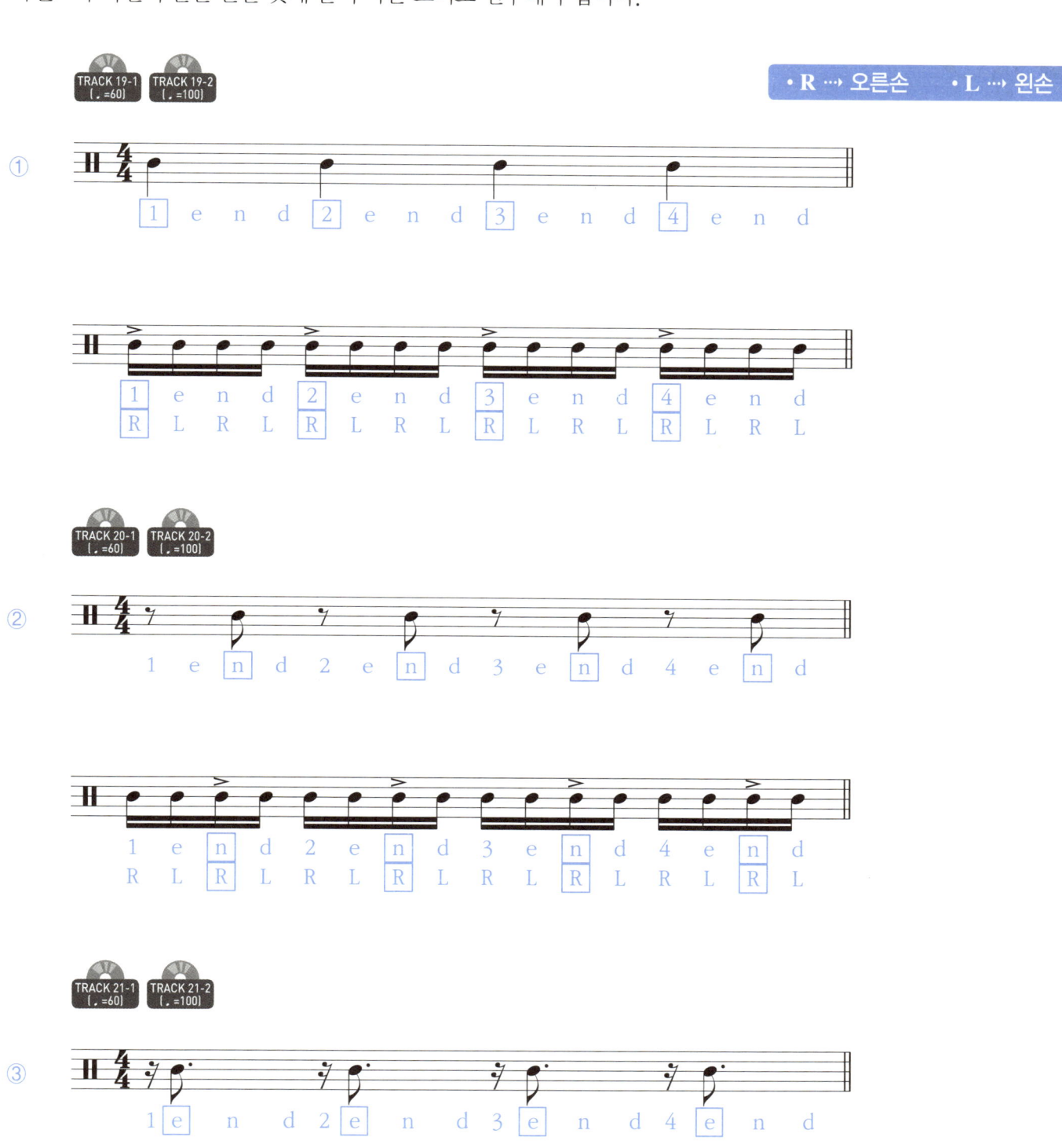

STEP 23

연습용 패드를 이용한 16th Notes 사운드로 연습

16th Notes에서 나올 수 있는 15가지 패턴을 악센트 부분은 손을 높게 들어 세게 연주하며, 악센트가 아닌 부분은 손을 낮게 들어 작은 소리로 연주해야 합니다.

TRACK 19-1 (♩=60) TRACK 19-2 (♩=100)

• R ···› 오른손 • L ···› 왼손

①

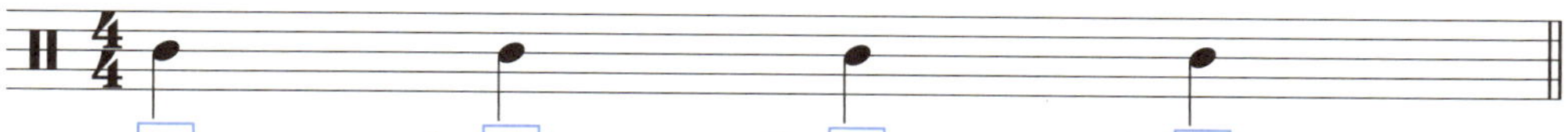

1 e n d **2** e n d **3** e n d **4** e n d

1 e n d **2** e n d **3** e n d **4** e n d
R L R L **R** L R L **R** L R L **R** L R L

TRACK 20-1 (♩=60) TRACK 20-2 (♩=100)

②

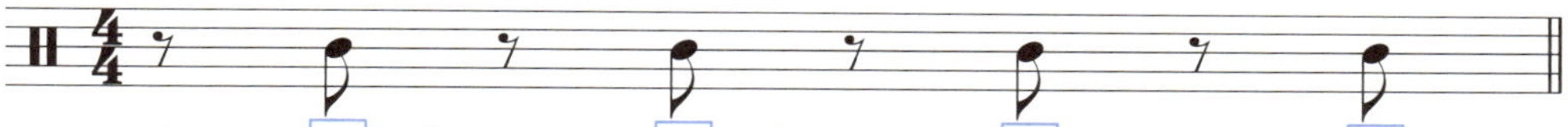

1 e **n** d 2 e **n** d 3 e **n** d 4 e **n** d

1 e **n** d 2 e **n** d 3 e **n** d 4 e **n** d
R L **R** L R L **R** L R L **R** L R L **R** L

TRACK 21-1 (♩=60) TRACK 21-2 (♩=100)

③

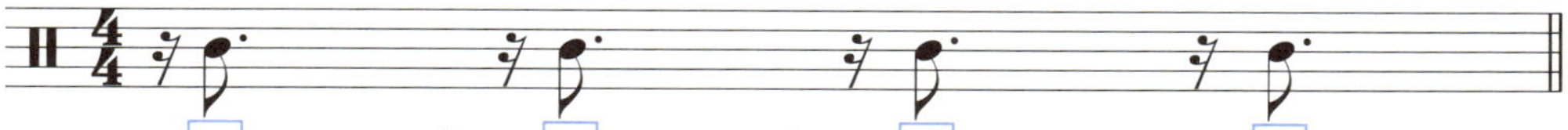

1 **e** n d 2 **e** n d 3 **e** n d 4 **e** n d

1 **e** n d 2 **e** n d 3 **e** n d 4 **e** n d
R **L** R L R **L** R L R **L** R L R **L** R L

• R ···› 오른손 • L ···› 왼손

TRACK 22-1 (♩=60) TRACK 22-2 (♩=100)

④

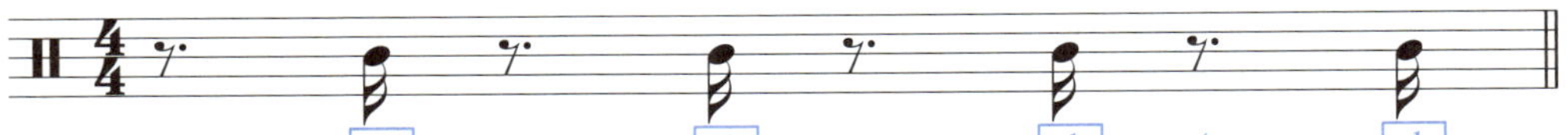

1 e n **d** 2 e n **d** 3 e n **d** 4 e n **d**

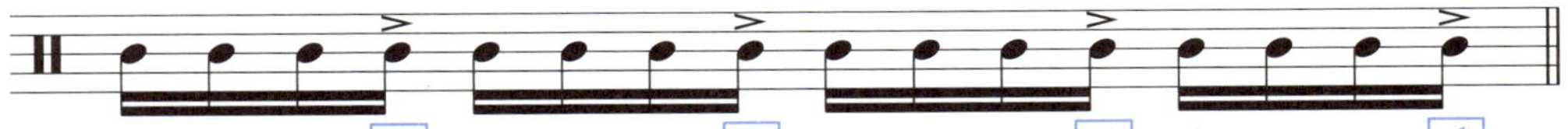

1 e n **d** 2 e n **d** 3 e n **d** 4 e n **d**
R L R **L** R L R **L** R L R **L** R L R **L**

TRACK 23-1 (♩=60) TRACK 23-2 (♩=100)

⑤

1 e **n** d **2** e **n** d **3** e **n** d **4** e **n** d

1 e **n** d **2** e **n** d **3** e **n** d **4** e **n** d
R L **R** L **R** L **R** L **R** L **R** L **R** L **R** L

TRACK 24-1 (♩=60) TRACK 24-2 (♩=100)

⑥

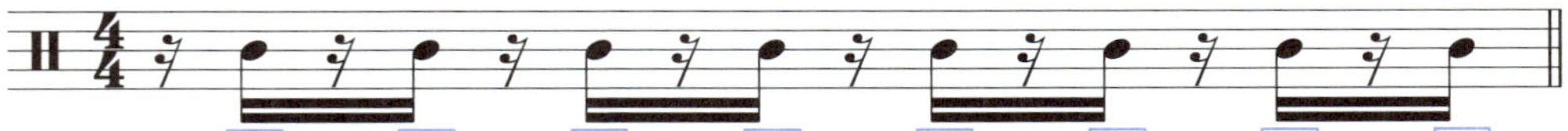

1 **e** n **d** 2 **e** n **d** 3 **e** n **d** 4 **e** n **d**

1 **e** n **d** 2 **e** n **d** 3 **e** n **d** 4 **e** n **d**
R **L** R **L** R **L** R **L** R **L** R **L** R **L** R **L**

TRACK 25-1 (♩=60) TRACK 25-2 (♩=100)

⑦

1 e n d 2 e n d 3 e n d 4 e n d

1 e n d 2 e n d 3 e n d 4 e n d
R L R L R L R L R L R L R L R L

TRACK 26-1 (♩=60) TRACK 26-2 (♩=100)

⑧

1 e n d 2 e n d 3 e n d 4 e n d

1 e n d 2 e n d 3 e n d 4 e n d
R L R L R L R L R L R L R L R L

TRACK 27-1 (♩=60) TRACK 27-2 (♩=100)

⑨

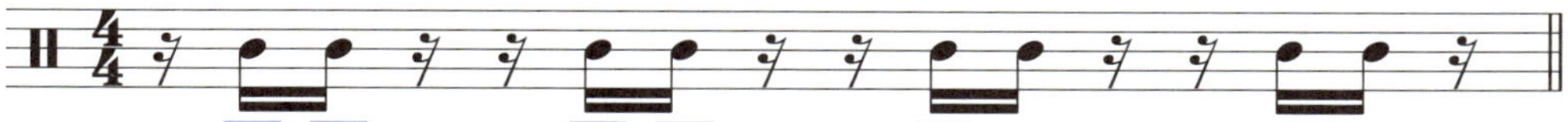

1 e n d 2 e n d 3 e n d 4 e n d

1 e n d 2 e n d 3 e n d 4 e n d
R L R L R L R L R L R L R L R L

• R ···› 오른손 • L ···› 왼손

TRACK 28-1 (♩=60) TRACK 28-2 (♩=100)

⑩

1 e n d 2 e n d 3 e n d 4 e n d

1 e n d 2 e n d 3 e n d 4 e n d
R L R L R L R L R L R L R L R L

TRACK 29-1 (♩=60) TRACK 29-2 (♩=100)

⑪

1 e n d 2 e n d 3 e n d 4 e n d

1 e n d 2 e n d 3 e n d 4 e n d
R L R L R L R L R L R L R L R L

TRACK 30-1 (♩=60) TRACK 30-2 (♩=100)

⑫

1 e n d 2 e n d 3 e n d 4 e n d

1 e n d 2 e n d 3 e n d 4 e n d
R L R L R L R L R L R L R L R L

TRACK 31-1 (♩=60) TRACK 31-2 (♩=100)

⑬

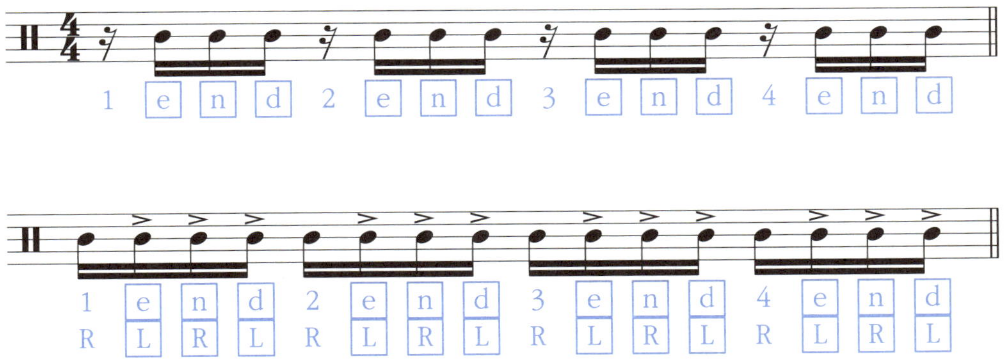

TRACK 32-1 (♩=60) TRACK 32-2 (♩=100)

⑭

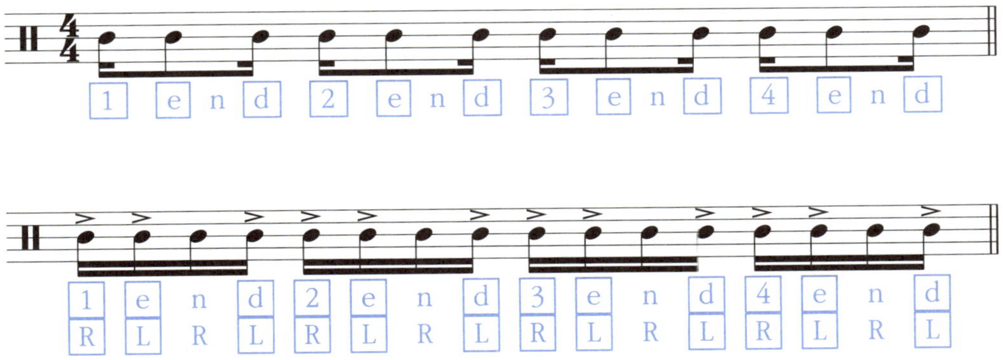

TRACK 33-1 (♩=60) TRACK 33-2 (♩=100)

⑮

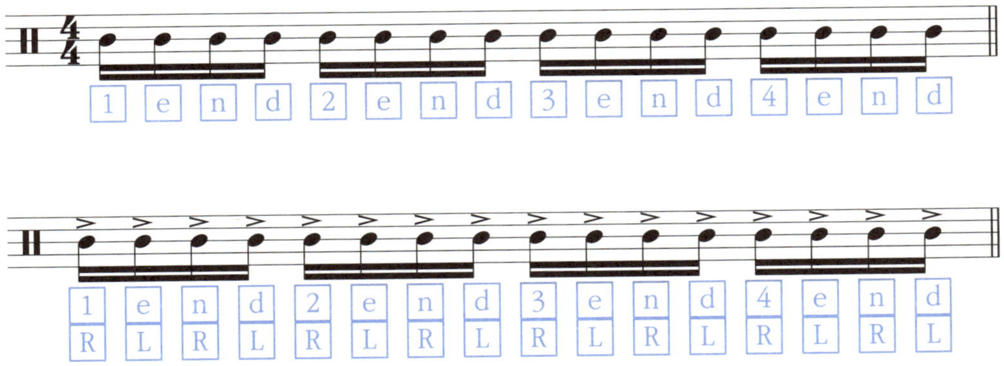

STEP 24 음악용어들을 이용한 악보연습 1

악보 연주 시 음악용어를 이해하며, Note를 칠 때 앞에서 공부한 대로 소리 높여 연주하세요.
이 악보를 연주할 때에는 16th Notes 사운드를 이용해서 연주하세요.

TRACK 34-1 (♩=60)
TRACK 34-2 (♩=100)
A
1 e n d 2 e n d 3 e n d 4 e n d 1 e n d 2 e n d 3 e n d 4 e n d
1 e n d 2 e n d 3 e n d 4 e n d 1 e n d 2 e n d 3 e n d 4 e n d
1 e n d 2 e n d 3 e n d 4 e n d 1 e n d 2 e n d 3 e n d 4 e n d
B
1 e n d 2 e n d 3 e n d 4 e n d 1 e n d 2 e n d 3 e n d 4 e n d
1.
C
1 e n d 2 e n d 3 e n d 4 e n d 1 e n d 2 e n d 3 e n d 4 e n d
2.
D
1 e n d 2 e n d 3 e n d 4 e n d 1 e n d 2 e n d 3 e n d 4 e n d
3.
1 e n d 2 e n d 3 e n d 4 e n d 1 e n d 2 e n d 3 e n d 4 e n d
1 e n d 2 e n d 3 e n d 4 e n d 1 e n d 2 e n d 3 e n d 4 e n d

• 악보순서 : A B ⋯› A C ⋯› A D ⋯› *Ending*

STEP 25

음악용어들을 이용한 악보연습 2

D.C. al Fine(곡의 맨 처음으로 돌아가서 Fine에서 곡을 마칩니다.)를 이용한 악보 연주입니다.
이 악보를 연주 시 8th Notes 사운드를 이용하세요.

• 악보순서 : A ··· B B ··· C C ··· D(*D.C. al Fine*) ··· A ··· B B ··· C C ··· D(3번째 마디 *Fine Ending*)

STEP 26

음악용어들을 이용한 악보연습 3

D.C. al Coda(곡의 맨 처음으로 돌아가서 ***To Coda***(𝄌)를 만나면 ***Coda***로 건너뜁니다.)를 이용한 악보 연주입니다.
이 악보를 연주 시 8th Notes 사운드를 이용하세요.

TRACK 36-1
TRACK 36-2
A
B
C
D
D.C. al Coda
E

• 악보순서 : A A ⋯→ B B ⋯→ C D (*D.C. al Coda*) ⋯→ A A ⋯→ B B ⋯→ C (*To Coda*) ⋯→ E ⋯→ *Ending*

이 책을 읽으며 궁금했던 사항이나 소통을 하고 싶으신 분들은 아래의 주소로 방문하시면 많은 이야기를 나눌 수 있습니다.

네이버 블로그 http://blog.naver.com/epdrum | **페이스북** www.facebook.com/epdrum

저자_ 유 상 일

저자약력 ▸▸

학력
- 경희대학교 포스트모던학과 수료
- 미국 MI(Musician Institute College of Contemporary Music) PIT 예술학사
- 경희대학교 아트퓨전디자인대학원 퍼포밍아트학과 석사

저서
- 아이디어 드럼 – 아름출판사(2013. 09)

Jazz Club
- 클럽 오띠르, 에반스, 에반스 라운지, 광화문 kt 올레스퀘어 외 다수 클럽 공연

경력
- (현)서울실용음악고등학교 음악부장 및 드럼학과장
  중부대학교 실용음악과 외래교수 역임
  한양여자대학 실용음악학과 외래교수 역임
  백석예술대학교 실용음악과 외래교수 역임
  백석대학교 음악대학원 실용음악과 외래교수 역임
  명지대학교 문화예술대학원 교회음악과 외래교수 역임
- (전)경희대학교 교양학부 외(현)래교수 역임
  숭실대학교 콘서바토리 교회음악과 외래교수 역임
  호서대학교 기독연예학과 외래교수 역임
  계명대학교 뮤직프로덕션학과 외래교수 역임

활동사항
- (현) IPTV 방송 「유상일의 아이디어 드러밍」 방송 중(올레TV, SK 브로드밴드 TV, myLGtv)
- (현) 재즈밴드 The Beam, Golden Mate 활동 중
- 비(Rain) 6집 Back To The Basic 앨범 및 라이브 세션
- Nu Gospel Project 앨범 세션
- 재즈 밴드 Golden Mate 1집 앨범 세션 및 프로듀싱
- 재즈 밴드 The Beam 1집, 2집, 3집 앨범 세션
- 도경민 2집 앨범 세션
- MBC, CBS, 극동방송 라디오 공개방송 세션
- SMHS Drum festival 총 기획 및 연주(2009~2016)
- SMHS 드럼전쟁 시즌 1, 2 총 기획(2015~2016)
- 국회 강의 '한국 대중음악의 해외진출, 그리고 실용음악교육 현황'(2013. 01)

드럼을 위한
리듬 트레이닝 1
RHYTHM TRAINING

발행일 2017년 1월 30일
저자 유상일
음원제작 김수현

발행인 최우진
편집 윤영란 · **책임편집** 유경아 · **디자인** 우선영, 김은정, 이미라
영업 현석호, 신창식 · **관리** 양민선

발행처 스코어
출판등록 2012년 6월 7일 제 313-2012-196호
주소 서울시 마포구 동교로 13길 34(04003)
전화 02)333-3705 · **팩스** 02)333-3745

ISBN 979-11-5780-074-2 (13670)
979-11-5780-074-2 (세트)